# SUBTRACTION 0-20
## Workbook Math Essentials
### Children's Arithmetic Books

All Rights reserved. No part of this book may be reproduced or used in any way or form or by any means whether electronic or mechanical, this means that you cannot record or photocopy any material ideas or tips that are provided in this book.

Copyright 2016

# SUBTRACTION EXERCISES

# Exercise No. 1

1.)  10
   -  2
   ___

2.)  16
   - 14
   ___

3.)  15
   -  5
   ___

4.)  20
   - 18
   ___

5.)  19
   - 14
   ___

6.)  12
   -  4
   ___

7.)  15
   -  8
   ___

8.)  20
   -  3
   ___

9.)  12
   -  7
   ___

## Exercise No. 2

1.) 11 − 2

2.) 19 − 1

3.) 9 − 3

4.) 13 − 8

5.) 10 − 4

6.) 12 − 11

7.) 13 − 8

8.) 15 − 7

9.) 7 − 6

# Exercise No. 3

1.) 17 − 5

4.) 12 − 2

7.) 4 − 0

2.) 20 − 13

5.) 17 − 3

8.) 18 − 3

3.) 15 − 14

6.) 15 − 8

9.) 14 − 8

# Exercise No. 4

1.)  12
    -  1
    ----

2.)  18
    - 15
    ----

3.)  19
    - 16
    ----

4.)   4
    -  2
    ----

5.)  20
    -  7
    ----

6.)  16
    -  0
    ----

7.)  20
    -  0
    ----

8.)  17
    - 13
    ----

9.)  10
    - 10
    ----

# Exercise No. 5

1.) 13 − 9

2.) 17 − 10

3.) 17 − 0

4.) 7 − 1

5.) 11 − 0

6.) 7 − 4

7.) 20 − 14

8.) 9 − 3

9.) 15 − 11

# Exercise No. 6

1.)  20
   − 16
   ───

2.)   3
   − 0
   ───

3.)  17
   −  3
   ───

4.)  12
   −  1
   ───

5.)   9
   − 7
   ───

6.)  18
   − 13
   ───

7.)  19
   − 13
   ───

8.)  20
   − 14
   ───

9.)  16
   −  8
   ───

# Exercise No. 7

1.)  16
   -  9
   ___

2.)  19
   - 17
   ___

3.)   6
   -  0
   ___

4.)  14
   - 10
   ___

5.)  18
   -  5
   ___

6.)   5
   -  1
   ___

7.)   8
   -  7
   ___

8.)  10
   -  6
   ___

9.)  14
   -  3
   ___

# Exercise No. 8

1.)  12
    -  0
    ____

2.)  16
    - 15
    ____

3.)  13
    -  9
    ____

4.)  18
    -  8
    ____

5.)  14
    -  2
    ____

6.)   6
    -  5
    ____

7.)  20
    - 15
    ____

8.)   4
    -  0
    ____

9.)  19
    -  1
    ____

## Exercise No. 9

1.)   16
    -  5
    ____

2.)    7
    -  2
    ____

3.)   11
    -  2
    ____

4.)   20
    - 14
    ____

5.)    9
    -  7
    ____

6.)   20
    - 19
    ____

7.)    5
    -  4
    ____

8.)   10
    -  4
    ____

9.)    8
    -  0
    ____

## Exercise No. 10

1.) 15 − 6

2.) 10 − 8

3.) 8 − 6

4.) 13 − 0

5.) 5 − 3

6.) 19 − 3

7.) 12 − 12

8.) 1 − 1

9.) 15 − 10

# Exercise No. 11

1.)  16
   -  9
   ___

2.)   4
   -  2
   ___

3.)   9
   -  0
   ___

4.)  13
   -  7
   ___

5.)  19
   - 14
   ___

6.)   6
   -  0
   ___

7.)   6
   -  1
   ___

8.)  17
   - 13
   ___

9.)  17
   - 10
   ___

# Exercise No. 12

1.) $\begin{array}{r} 16 \\ -\phantom{0}5 \\ \hline \end{array}$

2.) $\begin{array}{r} 15 \\ -\phantom{0}7 \\ \hline \end{array}$

3.) $\begin{array}{r} 13 \\ -\phantom{0}4 \\ \hline \end{array}$

4.) $\begin{array}{r} 15 \\ -11 \\ \hline \end{array}$

5.) $\begin{array}{r} 20 \\ -\phantom{0}8 \\ \hline \end{array}$

6.) $\begin{array}{r} 13 \\ -10 \\ \hline \end{array}$

7.) $\begin{array}{r} 11 \\ -\phantom{0}3 \\ \hline \end{array}$

8.) $\begin{array}{r} 19 \\ -\phantom{0}9 \\ \hline \end{array}$

9.) $\begin{array}{r} 19 \\ -\phantom{0}8 \\ \hline \end{array}$

# Exercise No. 13

1.) 17 - 15

2.) 13 - 8

3.) 8 - 7

4.) 14 - 1

5.) 13 - 7

6.) 12 - 9

7.) 9 - 7

8.) 20 - 1

9.) 17 - 16

# Exercise No. 14

1.)  8
   − 4
   ———

2.)  14
   −  1
   ———

3.)  18
   − 15
   ———

4.)  11
   −  6
   ———

5.)   9
   −  3
   ———

6.)  14
   −  5
   ———

7.)  10
   −  4
   ———

8.)  14
   −  2
   ———

9.)  18
   −  3
   ———

## Exercise No. 15

1.) 19 - 15

2.) 17 - 15

3.) 12 - 0

4.) 16 - 5

5.) 19 - 14

6.) 17 - 6

7.) 13 - 3

8.) 9 - 0

9.) 18 - 4

## Exercise No. 16

1.)  11
   −  7
   ___

2.)  20
   −  2
   ___

3.)   6
   −  6
   ___

4.)  19
   − 13
   ___

5.)   6
   −  3
   ___

6.)  11
   −  2
   ___

7.)   9
   −  1
   ___

8.)  11
   −  5
   ___

9.)  13
   −  0
   ___

# Exercise No. 17

1.) 4 - 0

2.) 12 - 4

3.) 14 - 1

4.) 19 - 3

5.) 13 - 0

6.) 20 - 12

7.) 7 - 2

8.) 15 - 8

9.) 10 - 0

## Exercise No. 18

1.) $\begin{array}{r} 20 \\ -\ 12 \\ \hline \end{array}$

4.) $\begin{array}{r} 13 \\ -\ \ 3 \\ \hline \end{array}$

7.) $\begin{array}{r} 17 \\ -\ \ 5 \\ \hline \end{array}$

2.) $\begin{array}{r} 5 \\ -\ 1 \\ \hline \end{array}$

5.) $\begin{array}{r} 17 \\ -\ \ 2 \\ \hline \end{array}$

8.) $\begin{array}{r} 20 \\ -\ \ 7 \\ \hline \end{array}$

3.) $\begin{array}{r} 14 \\ -\ \ 8 \\ \hline \end{array}$

6.) $\begin{array}{r} 9 \\ -\ 1 \\ \hline \end{array}$

9.) $\begin{array}{r} 16 \\ -\ 15 \\ \hline \end{array}$

# Exercise No. 19

1.)  12
   -  4
   ___

2.)  17
   -  3
   ___

3.)  8
   - 7
   ___

4.)  13
   - 12
   ___

5.)  13
   -  8
   ___

6.)  12
   -  9
   ___

7.)  15
   -  8
   ___

8.)   6
   -  0
   ___

9.)  15
   - 11
   ___

## Exercise No. 20

1.)     7
 −    2
___

2.)   17
 −    6
___

3.)   17
 −   12
___

4.)   16
 −   14
___

5.)   14
 −   14
___

6.)     5
 −    4
___

7.)     2
 −    1
___

8.)   18
 −    9
___

9.)   20
 −    0
___

# Exercise No. 21

1.)  19
   - 13
   ─────

2.)   2
   -  1
   ─────

3.)   9
   -  7
   ─────

4.)   8
   -  3
   ─────

5.)  18
   -  0
   ─────

6.)   9
   -  6
   ─────

7.)  16
   -  2
   ─────

8.)  18
   -  9
   ─────

9.)  19
   -  1
   ─────

# Exercise No. 22

1.) 19 - 12

2.) 20 - 11

3.) 13 - 12

4.) 17 - 5

5.) 18 - 2

6.) 6 - 5

7.) 20 - 9

8.) 5 - 3

9.) 8 - 0

# Exercise No. 23

1.)  19
   - 13
   ─────

4.)  14
   - 10
   ─────

7.)  19
   -  8
   ─────

2.)  14
   -  3
   ─────

5.)   7
   -  6
   ─────

8.)   9
   -  0
   ─────

3.)   5
   -  3
   ─────

6.)  16
   -  2
   ─────

9.)   4
   -  2
   ─────

# Exercise No. 24

1.)  9
   - 6
   ---

2.)  8
   - 3
   ---

3.) 14
   - 2
   ---

4.) 12
   - 10
   ---

5.) 19
   - 1
   ---

6.) 13
   - 9
   ---

7.) 18
   - 10
   ---

8.)  5
   - 0
   ---

9.)  7
   - 1
   ---

# Exercise No. 25

1.) 19 - 1

2.) 18 - 13

3.) 11 - 1

4.) 8 - 2

5.) 7 - 6

6.) 12 - 10

7.) 11 - 0

8.) 5 - 5

9.) 14 - 12

## Exercise No. 26

1.) 19
  − 11
  ———

4.) 17
  −  8
  ———

7.) 10
  −  7
  ———

2.) 15
  −  6
  ———

5.)  3
  −  0
  ———

8.)  4
  −  1
  ———

3.) 16
  − 14
  ———

6.) 13
  − 12
  ———

9.) 16
  − 14
  ———

# Exercise No. 27

1.)  19
   - 15
   -----

2.)  19
   -  1
   -----

3.)   2
   -  1
   -----

4.)  18
   -  0
   -----

5.)  12
   - 12
   -----

6.)  14
   - 10
   -----

7.)  19
   -  3
   -----

8.)  17
   -  7
   -----

9.)   7
   -  4
   -----

# Exercise No. 28

1.)  4
   - 0
   ___

2.)  6
   - 3
   ___

3.)  15
   - 5
   ___

4.)  4
   - 3
   ___

5.)  18
   - 8
   ___

6.)  20
   - 9
   ___

7.)  15
   - 9
   ___

8.)  11
   - 7
   ___

9.)  20
   - 3
   ___

# Exercise No. 29

1.)   11
    -  7
    ____

2.)   18
    - 16
    ____

3.)   19
    - 15
    ____

4.)   13
    - 11
    ____

5.)   16
    -  2
    ____

6.)   17
    -  3
    ____

7.)   19
    -  0
    ____

8.)   17
    -  6
    ____

9.)   15
    - 13
    ____

## Exercise No. 30

1.) 11 − 4

2.) 5 − 2

3.) 11 − 10

4.) 14 − 8

5.) 8 − 3

6.) 20 − 7

7.) 14 − 12

8.) 18 − 5

9.) 15 − 9

# Exercise No. 31

1.)  6 − 3 = ___

2.)  19 − 8 = ___

3.)  18 − 1 = ___

4.)  16 − 4 = ___

5.)  8 − 2 = ___

6.)  11 − 0 = ___

7.)  9 − 9 = ___

8.)  19 − 17 = ___

9.)  17 − 17 = ___

## Exercise No. 32

1.)  7
   − 3
   ___

2.)  15
   −  8
   ___

3.)  14
   −  4
   ___

4.)  10
   −  6
   ___

5.)  11
   −  7
   ___

6.)  15
   − 11
   ___

7.)  13
   −  8
   ___

8.)  13
   −  0
   ___

9.)  20
   − 20
   ___

# ANSWERS

### Exercise No. 1.
1.) 8
2.) 2
3.) 10
4.) 2
5.) 5
6.) 8
7.) 7
8.) 17
9.) 5

### Exercise No. 2.
1.) 9
2.) 18
3.) 6
4.) 5
5.) 6
6.) 1
7.) 5
8.) 8
9.) 1

### Exercise No. 3.
1.) 12
2.) 7
3.) 1
4.) 10
5.) 14
6.) 7
7.) 4
8.) 15
9.) 6

### Exercise No. 4.
1.) 11
2.) 3
3.) 3
4.) 2
5.) 13
6.) 16
7.) 20
8.) 4
9.) 0

### Exercise No. 5.
1.) 4
2.) 7
3.) 17
4.) 6
5.) 11
6.) 3
7.) 6
8.) 6
9.) 4

### Exercise No. 6.
1.) 4
2.) 3
3.) 14
4.) 11
5.) 2
6.) 5
7.) 6
8.) 6
9.) 8

### Exercise No. 7.
1.) 7
2.) 2
3.) 6
4.) 4
5.) 13
6.) 4
7.) 1
8.) 4
9.) 11

### Exercise No. 8.
1.) 12
2.) 1
3.) 4
4.) 10
5.) 12
6.) 1
7.) 5
8.) 4
9.) 18

## Exercise No. 9.
1.) 11
2.) 5
3.) 9
4.) 6
5.) 2
6.) 1
7.) 1
8.) 6
9.) 8

## Exercise No. 10.
1.) 9
2.) 2
3.) 2
4.) 13
5.) 2
6.) 16
7.) 0
8.) 0
9.) 5

## Exercise No. 11.
1.) 7
2.) 2
3.) 9
4.) 6
5.) 5
6.) 6
7.) 5
8.) 4
9.) 7

## Exercise No. 12.
1.) 11
2.) 8
3.) 9
4.) 4
5.) 12
6.) 3
7.) 8
8.) 10
9.) 11

## Exercise No. 13.
1.) 2
2.) 5
3.) 1
4.) 13
5.) 6
6.) 3
7.) 2
8.) 19
9.) 1

## Exercise No. 14.
1.) 4
2.) 13
3.) 3
4.) 5
5.) 6
6.) 9
7.) 6
8.) 12
9.) 15

## Exercise No. 15.
1.) 4
2.) 2
3.) 12
4.) 11
5.) 5
6.) 11
7.) 10
8.) 9
9.) 14

## Exercise No. 16.
1.) 4
2.) 18
3.) 0
4.) 6
5.) 3
6.) 9
7.) 8
8.) 6
9.) 13

## Exercise No. 17.
1.) 4
2.) 8
3.) 13
4.) 16
5.) 13
6.) 8
7.) 5
8.) 7
9.) 10

## Exercise No. 18.
1.) 8
2.) 4
3.) 6
4.) 10
5.) 15
6.) 8
7.) 12
8.) 13
9.) 1

## Exercise No. 19.
1.) 8
2.) 14
3.) 1
4.) 1
5.) 5
6.) 3
7.) 7
8.) 6
9.) 4

## Exercise No. 20.
1.) 5
2.) 11
3.) 5
4.) 2
5.) 0
6.) 1
7.) 1
8.) 9
9.) 20

## Exercise No. 21.
1.) 6
2.) 1
3.) 2
4.) 5
5.) 18
6.) 3
7.) 14
8.) 9
9.) 18

## Exercise No. 22.
1.) 7
2.) 9
3.) 1
4.) 12
5.) 16
6.) 1
7.) 11
8.) 2
9.) 8

## Exercise No. 23.
1.) 6
2.) 11
3.) 2
4.) 4
5.) 1
6.) 14
7.) 11
8.) 9
9.) 2

## Exercise No. 24.
1.) 3
2.) 5
3.) 12
4.) 2
5.) 18
6.) 4
7.) 8
8.) 5
9.) 6

### Exercise No. 25.
1.) 18
2.) 5
3.) 10
4.) 6
5.) 1
6.) 2
7.) 11
8.) 0
9.) 2

### Exercise No. 26.
1.) 8
2.) 9
3.) 2
4.) 9
5.) 3
6.) 1
7.) 3
8.) 3
9.) 2

### Exercise No. 27.
1.) 4
2.) 18
3.) 1
4.) 18
5.) 0
6.) 4
7.) 16
8.) 10
9.) 3

### Exercise No. 28.
1.) 4
2.) 3
3.) 10
4.) 1
5.) 10
6.) 11
7.) 6
8.) 4
9.) 17

### Exercise No. 29.
1.) 4
2.) 2
3.) 4
4.) 2
5.) 14
6.) 14
7.) 19
8.) 11
9.) 2

### Exercise No. 30.
1.) 7
2.) 3
3.) 1
4.) 6
5.) 5
6.) 13
7.) 2
8.) 13
9.) 6

### Exercise No. 31.
1.) 3
2.) 11
3.) 17
4.) 12
5.) 6
6.) 11
7.) 0
8.) 2
9.) 0

### Exercise No. 32.
1.) 4
2.) 7
3.) 10
4.) 4
5.) 4
6.) 4
7.) 5
8.) 13
9.) 0